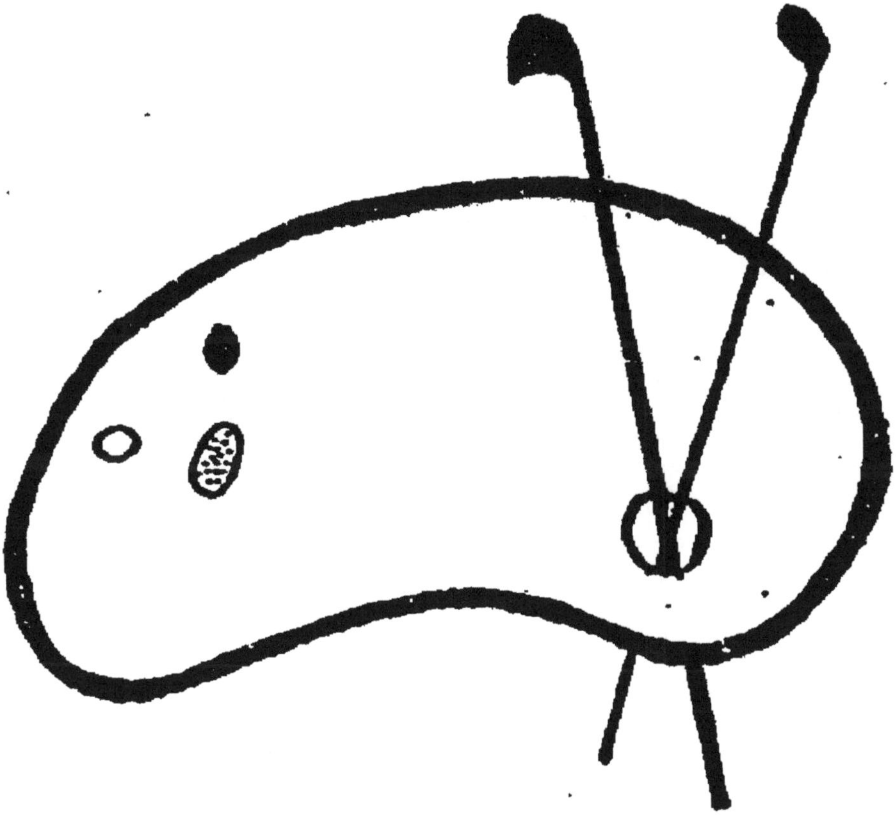

DEBUT D'UNE SERIE DE DOCUMENTS
EN COULEUR

COMITÉ D'ACTION DE LA JEUNESSE FRANÇAISE

EN FAVEUR DU TRANSVAAL

Les Français au Transvaal

> Hélas ! si l'Angleterre savait seulement
> combien son grand nom est partout
> méprisé, combien toute la terre désire
> le moment qui exposera son sein
> découvert au glaive vengeur, et
> comment tous les peuples la croient
> leur plus cruelle ennemie !
>
> Lord Byron, *Don Juan*, X^e ch., p. 67

PRIX : 1 FRANC

SIÈGE DU COMITÉ :

13, rue de l'Ancienne-Comédie, 13

PARIS

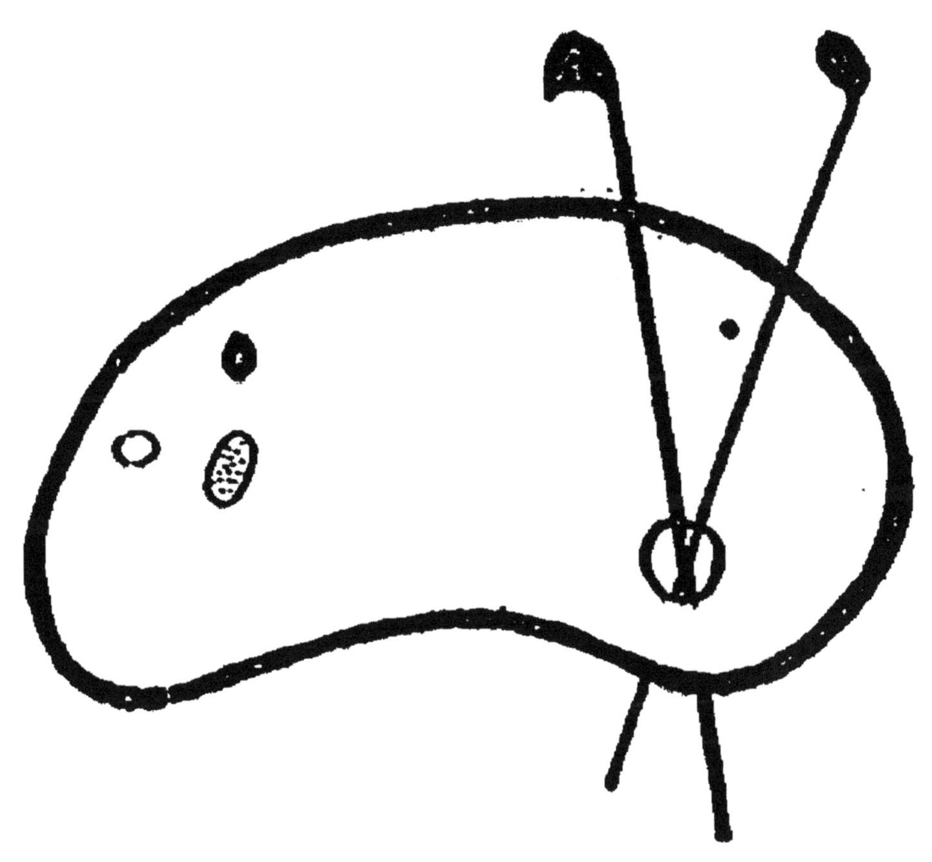

FIN D'UNE SERIE DE DOCUMENTS
EN COULEUR

Les Français au Transvaal

> Hélas ! si l'Angleterre savait seulement combien son grand nom est partout méprisé, combien toute la terre désire le moment qui exposera son sein découvert au glaive vengeur, et comment tous les peuples la croient leur plus cruelle ennemie !
>
> Lord Byron, *Don Juan*, X* ch., p. 67.

PRIX : 1 FRANC

SIÈGE DU COMITÉ :
13, rue de l'Ancienne-Comédie, 13
PARIS

COMITÉ D'ACTION DE LA JEUNESSE FRANÇAISE
EN FAVEUR DU TRANSVAAL

13, rue de l'Ancienne-Comédie, PARIS

Président : **M.-E. LANDRY,** étudiant en droit.
Trésorier : **N. FABRE,** étudiant en droit.
Secrétaire général : **André LEGRAND.**
Secrétaire : **Louis GUILLION,** publiciste.

MEMBRES :

Raymond Grégoire, interne des hôpitaux.
L. Viel, étudiant en médecine.
E. Dutray, étudiant en droit.
J. Fabre, élève de l'École supérieure de commerce.
J. Belugou, étudiant en droit.
H. Devins, étudiant en médecine.
Jacques Davia, publiciste.
H. Savariau, étudiant en droit.
L. Bergasse, employé de banque (parti à l'armée Sud-Africaine).

Le Colonel de Vil.rbois-Mareuil.

QUELQUES MOTS

AU

Sujet de la formation du Comité d'action

DE LA

Jeunesse Française en faveur du Transvaal

L'histoire de la formation du jeune Comité du Transvaal est fort simple et peut se résumer en quelques lignes.

Alors que dès l'ouverture des hostilités, les sympathies de la France allèrent unanimement au petit peuple qui se préparait à défendre héroïquement son indépendance contre la puissante Angleterre, jetée dans cette inqualifiable aventure par la méprisable ambition d'un politicien sans scrupules, un groupe d'étudiants qui, par leur jeunesse, étaient naturellement portés aux résolutions actives, pensèrent que notre pays ne devait pas s'en tenir aux manifestations platoniques, et que, pour soutenir la vieille réputation de générosité de notre race, il fallait qu'il fût versé du sang français sur les champs de bataille de la liberté sud-africaine.

Il s'agissait donc d'envoyer combattre aux côtés des Boers un corps composé de jeunes Français qui, par leurs aptitudes militaires spéciales étaient susceptibles de rendre de réels services aux courageux ennemis des Anglais.

Pour agir, il fallait s'organiser. Un Comité fut formé dans lequel entrèrent les plus militants, et parmi ceux-ci se retrouvèrent, assemblés de nouveau pour une œuvre commune, quelques camarades qui avaient formé le projet, peu de temps auparavant, de s'expatrier et d'aller fonder dans une de nos lointaines possessions une colonie qui, grâce aux ressources, aux facultés variées, aux efforts réunis de ses membres, était appelée à se suffire à elle-même. Cette colonisation spéciale qui a reçu de fréquentes et fructueuses applications dans l'histoire de l'expansion française à travers le monde, notamment lors de la fondation de nos établissements de la Louisiane, et plus récemment en Algérie, après la conquête, était bien faite pour séduire des jeunes gens à l'âme ardente, à l'activité aventureuse.

Quand survint la guerre du Transvaal il y eut une sorte de scission parmi les membres du groupe. Les uns restèrent fidèles à leur première idée et voulurent mettre de suite leur projet à exécution ; les autres virent dans l'agression lâche et inique de la Grande-Bretagne au Transvaal, une occasion unique d'aller combattre l'Anglais qu'ils détestaient déjà en leur qualité de jeunes coloniaux convaincus. Ils entreprirent d'aller s'enrôler dans les rangs des héroïques burghers et de se mesurer, d'abord brutalement, les armes à la main, avec un peuple contre lequel ils engageraient ensuite la lutte sur le terrain économique.

A ceux-ci se joignirent d'autres amis qui allaient chercher un peu d'air respirable sur le plateau Sud-Africain en défendant une juste cause. Enfin, quelques-uns offrirent leur temps pour coopérer au rude travail du secrétariat.

Dès lors, l'action était commencée.

Une note parue dans l'*Éclair,* et dans le *Matin* du 31 octobre apprit au public l'existence du Comité. Le même jour, les *Débats,* la *Patrie,* le *Temps,* la *Liberté,* etc., reproduisaient l'information ou publiaient des interviews prises auprès des membres du Comité.

Immédiatement les bonnes volontés affluèrent. Dès le premier jour, plus de cinquante jeunes gens possédant d'excellentes aptitudes demandaient à partir comme volontaires. Au bout de quinze jours, plus de 400 noms étaient inscrits sur les listes d'engagement, et depuis cette époque les demandes ne cessent d'affluer de tous les coins de la France, auxquelles on ne peut toujours satisfaire en raison des ressources modestes dont dispose le Comité.

Cependant il ne fallait pas s'en tenir à coucher par écrit les noms des braves Français qui offraient de faire le sacrifice de leur vie en défendant la liberté menacée de leurs cousins : les Boers.

Il ne s'agissait pas de faire une simple enquête sur l'état d'esprit qui régnait en France sur la question du Transvaal, de dénombrer les courages et les dévouements. Des hommes étaient là, prêts à partir au premier signal, abandonnant leur situation, et qui voulaient se donner la satisfaction de faire le coup de feu contre l'Anglais. D'intérêt il ne pouvait en exister chez aucun, et ce n'était certes pas l'appât d'une prime quelconque qui tentait ces énergies.

Mais si un nombre assez considérable de volontaires se montraient disposés à couvrir les frais du voyage de France au Transvaal, et demandaient uniquement à profiter des conseils, des lettres de recommandation, des correspondants que pouvait leur fournir le Comité, il s'en rencontrait aussi qui ne pouvaient avancer la somme nécessaire à une expédition coûteuse.

La question financière se posait donc, grosse de difficultés. Les souscriptions reçues au Comité étaient loin de répondre aux besoins de la situation. A la suite d'un appel que le directeur du *Matin* eut l'obligeance d'insérer des sommes assez importantes furent recueillies.

Enfin, dans les premiers mois de décembre, le premier groupe de volontaires partait sous les auspices du Comité.

Quelques journaux ont reproduit depuis, avec une précision peut-être un peu fâcheuse, l'annonce du départ d'un nouveau contingent de volontaires.

La plupart des vaillants qui sont partis à l'heure actuelle sont des officiers de notre armée de première ou de seconde ligne, ou des sous-officiers remarquables sortant de la cavalerie ou appartenant aux armes savantes. Le nombre des partants étant forcément restreint, un choix sévère doit être fait parmi les innombrables demandes d'engagement.

Nous n'en dirons pas plus long. La prudence et la discrétion ne saurait être exagérées sur ce sujet, surtout à l'heure où les croiseurs anglais usent et abusent du droit de visite qu'ils ont acquis à la suite de la reconnaissance de la qualité de belligérant à la République Sud-Africaine.

La besogne du Comité de la Jeunesse française, pour être efficace, doit s'accomplir sans éclat.

En terminant, disons que, grâce aux bonnes dispositions prises, les premiers volontaires partis sous les auspices de notre Comité sont arrivés, sans trop de difficultés, sur le territoire du Transvaal.

A l'heure actuelle, peut-être ont-ils même déjà rejoint leur chef tout indiqué : un colonel français parti offrir bravement son épée au Président Krüger : le colonel de Villebois-Mareuil (1).

Maurice LANDRY.

---

(1) Le colonel de Villebois-Mareuil est l'un des fondateurs de l'*Action Française,* et le correspondant gracieux de cette revue au Transvaal.

But poursuivi par le Comité d'Action

Le but poursuivi consiste :

1° A porter secours aux Français établis au Transvaal et qui sont enrôlés dans l'armée boer pour combattre l'ennemi commun : l'Anglais. Envoyer des subsides aux veuves et aux enfants de ceux qui succomberont dans la lutte ;

2° A faciliter aux personnes désireuses d'aller combattre aux côtés des Boers les moyens de transport, par des souscriptions, conférences, etc.

L'Estafette, 7 décembre.

LES PARRAINS

du Comité d'action de la jeunesse française au Transvaal.

Lorsque le jeune Comité prit un essor inespéré et que des fonds relativement considérables furent mis à sa disposition, il ne crut pas devoir les gérer sans contrôle.

Il fit appel à la volonté généreuse et intelligente de membres du Parlement qui voulurent bien le couvrir de leur autorité et l'aider de leurs conseils.

M. Georges BERRY, député de Paris, dont l'activité se manifeste de façons si multiples et si heureuses, voulut bien assumer la responsabilité attachée à la fonction de président d'honneur, puis il demanda leur collaboration à ses collègues éminents :

MM. de MAHY, député de la Réunion, ancien Ministre de la marine ;

Julien GOUJON, député de la Seine-Inférieure ;

Général JACQUEY, député des Landes ;

PRACHE, député de Paris ;

GERVAIZE, député de Nancy ;

FERRETTE, député de la Meuse,

qui constituent, jusqu'à ce jour, les membres d'honneur du Comité.

La presse et le Comité.

Le Comité a été favorisé dans son action par les organes de la presse parisienne et départementale qui ont fait connaître au public sa formation, ont publié ses appels et rendu compte des résultats obtenus.

C'est ici la place de remercier le directeur de l'*Estafette*, M. de Régla, qui a mené dans son journal une campagne active en faveur des Boers. L'*Estafette* est d'ailleurs le seul organe de Paris ayant ouvert une souscription pour les volontaires français au Transvaal.

La 36° liste, publiée le 13 janvier portait un total de 13,014 fr. 50.

Plusieurs grands journaux de province ont également ouvert de fructueuses souscriptions.

Le *Lyon républicain*, l'*Est républicain* ont envoyé au Comité des sommes importantes. Le *Petit méridional* leur transmet au fur et à mesure les sommes recueillies dans ses colonnes. La souscription de la *Dépêche de Brest* atteignait dernièrement 5,000 francs. Le distingué directeur du *Bulletin des renseignements coloniaux*, M. Laforest, nous fait remettre les dons de ses abonnés, etc.

Les souscriptions ouvertes en faveur des Boers, pour les volontaires français au Transvaal.

Voici les réflexions qu'inspirait au rédacteur de l'*Estafette* l'examen des listes de souscriptions du *Lyon Républicain*, à l'occasion du premier envoi de fonds fait au Comité par le grand journal lyonnais :

Il nous sera peut être permis de faire quelques remarques concernant les listes de souscriptions ouvertes un peu partout, en faveur des Boers.

D'une façon générale, c'est le peuple et la classe moyenne de la société qui, seuls, ont manifesté leur sympathie aux Républiques Sud-Africaines, d'une manière efficace, — j'entends par un sacrifice pécuniaire.

Ce sont les gros sous qui tombent surtout dans la caisse du Transvaal, — il est vrai qu'ils tombent en nombre, et qu'ils arrivent à former de bien jolis totaux.

En revanche, toutes les sociétés d'anciens militaires, d'anciens marins, de sapeurs-pompiers, de secours mutuels, etc., tout le peuple, enfin, prend part à ce mouvement de sympathie et nous envoie son obole.

N'y a-t-il pas là une indication très nette de l'opinion adoptée par le peuple français au sujet de cette guerre d'une si effrayante injustice ?

Les gouvernants de notre pays peuvent puiser dans ces listes de souscriptions un enseignement qui n'est pas à négliger.

(17 décembre 1899.)

Les mêmes réflexions peuvent s'appliquer à toutes les souscriptions ouvertes dans le but de venir en aide aux Républiques Sud-Africaines.

Un généreux anonyme a fait un don de 1,000 francs. M. Durand Gasselin, le bienfaiteur de la ville de Nantes, a envoyé 2,000 francs à M. Georges Berry, notre président d'honneur.

Un groupe de généreux commerçants roubaisiens a souscrit le prix nécessaire à l'envoi d'un volontaire et nos officiers ont souscrit de fortes sommes.

La classe aisée et riche n'est pas encore venue à nous, mais le peuple, la foule tout entière, qui est anti-anglaise, a affirmé ses convictions par des versements en rapport avec ses moyens.

Aux Français, nos souscripteurs, merci !

Et que les timides et les retardataires se décident.

DOCUMENTS

OPINIONS DES ÉCRIVAINS FRANÇAIS SUR LA GUERRE SUD-AFRICAINE. — POLITIQUE EXTÉRIEURE FRANÇAISE. — LES CONSÉQUENCES DE LA GUERRE ACTUELLE. — BOYCOTTAGE ANGLAIS. — APRÈS LA GUERRE : CE QUE DEVIENDRONT LES BOERS. — LE PRÉSIDENT KRUGER JUGÉ PAR BISMARCK.

Nous avons cru intéressant de reproduire ici quelques extraits des articles les plus saillants parus dans les revues et journaux français à propos de la guerre du Transvaal, afin de bien montrer l'unanimité avec laquelle toute la presse de notre pays, pour ainsi dire, s'est trouvée d'accord sur ce conflit.

Il était bon aussi de rappeler les nombreuses questions, si importantes pour nous autres Français, qu'a soulevées le drame sud-africain.

OPINIONS

L'Angleterre a fatigué le monde par la façon dont elle se moque de lui. On lui pourrait appliquer en toute justice le mot qui fut dit de la Prusse : elle a les mains pieuses et prenantes, mais de ses mains elle voudrait qu'on ne vît que la piété. Elle invoque son passé pour prétendre à l'honneur de professer des sentiments humains et elle voudrait garder le bénéfice d'avoir été le pays de Gladstone quand elle est devenue le pays de M. Chamberlain.

E. LAVISSE,
Revue de Paris, 1er janvier 1900.

... Le sentiment de l'Europe continentale, depuis le Nord jusqu'au Sud, depuis l'Est jusqu'à l'Ouest, est celui d'une réprobation absolue... La vérité, dont personne ne doute, est qu'il y avait, au fond de l'affaire, un intérêt politique et un intérêt financier, l'un et l'autre exclusivement anglais.

FRANCIS CHARMES,
Revue des Deux-Mondes, 15 novembre.

Il était donc réservé à ce XIXe siècle de finir dans le sang. Le monde entier assiste à cette lutte inégale avec une immense sympathie pour ce peuple héroïque, qui défend avec la dernière énergie sa patrie conquise au prix de tant de sacrifices.

(La Réforme Sociale, 1er janvier 1900.)

———

L'Angleterre se prépare à reprendre officiellement et au grand jour la tentative de flibusterie de Jameson. Il ne s'agit pas en effet actuellement d'autre chose. C'est l'histoire de 1895 qui recommence, avec cette seule différence que les complices cachés d'alors sont aujourd'hui les promoteurs officiels de l'entreprise renouvelée.

ROBERT DE CAIX,
Bulletin du Comité de l'Afrique française, n° 10.

———

L'Europe, égoïste et avide, ne protestera pas plus contre ce crime de lèse-humanité qu'elle ne protesta contre le massacre de trois cent mille Arméniens et contre l'écrasement de la Grèce et de l'Espagne. Les infortunés Boers subiront à leur tour l'impitoyable loi de la force : le bon droit, qui est indéniablement de leur côté ne les sauvera, pas plus que les autres, sans doute, de la fin tragique à laquelle sont voués désormais les faibles et les petits.

E. DRUMONT,
Libre Parole, 16 octobre.

———

La guerre actuelle constitue une tentative si odieuse du plus fort pour écraser le plus faible, brutalement, cyniquement, sans l'ombre d'un prétexte, qu'il faudrait n'avoir aucun sentiment de justice au fond du cœur pour ne pas se féliciter du tour qu'ont pris les choses.

C. PELLETAN,
Eclair, 15 décembre.

———

Il n'y a pas un habitant du globe — à moins qu'il n'ait, comme l'empereur allemand, vu dans l'agression anglaise une occasion de gagner beaucoup d'argent en se faisant payer sa neutralité — qui ne fasse soit tout haut, soit tout bas, des vœux pour le triomphe de cette poignée de braves qui s'apprêtent allégrement à lutter un contre dix et qui, à cette heure soldats de la liberté, deviendront, s'il le faut, soldats du désespoir.

H. ROCHEFORT,
Intransigeant, 28 novembre.

———

On peut considérer Cecil Rhodes comme la bête malfaisante qui a déchaîné la guerre, et Chamberlain n'est peut-être que le pantin dont il tirait les fils.

HARDUIN,
Matin, 20 décembre.

La politique suivie par M. Chamberlain à l'égard du Transvaal laisse à désirer : elle n'a pas la netteté qui convient à un gouvernement libéral, le point de départ du conflit étant obscur.

(*Revue britannique*, décembre.)

Le négoce boutiquier de certains hommes d'Etat, de M. Chamberlain tout d'abord, n'a jamais été plus scandaleux en aucun pays. Les promoteurs de la guerre transvaalienne ont voulu faire or et argent de tout. Ces gens ont déchaîné la guerre non d'un cœur léger mais avec la seule préoccupation d'une bourse plus lourde.

PAUL ADAM,

Journal, 1er janvier 1900.

La guerre sud-africaine nous donne un spectacle passionnant et plein de mystère ; nos vœux vont à cet admirable petit peuple boer qui n'a pas craint, malgré l'assurance d'être tôt ou tard fatalement vaincu, de lancer, comme un gant de défi, son ultimatum à la face congestionnée du terroriste Chamberlain et c'e t pourquoi nous nous ruons sur les dépêches avec plus de vibrante curiosité et moins de dégoût que nous le faisions il y a six semaines sur les télégrammes de Rennes, car nous nous sentons tous réunis en un sentiment commun dans ce *lock-out* des événements transvaaliens. Les menues victoires des burghers nous procurent déjà des palpitations d'allégresse et des espérances, hélas ! bien téméraires, si un soulèvement général du Cap contre l'Anglais ou une complication quelconque en Extrême-Orient n'empêche pas l'égorgement prémédité des républiques du Vaal et de l'Orange, sous l'œil des *Barbares*, pour ne pas nommer les européennes puissances.

OCTAVE UZANNE,

Echo de Paris, 20 octobre.

Notre ami le Boer, je t'aime.

Tu veux rester maître chez toi, comme un simple charbonnier, et lorsqu'un grand gaillard se mit à te dicter sa loi, parce qu'il était sûr de sa force, tu refusas naïvement d'obéir, quoique étant sûr de la faiblesse. Nous t'avons vu, dans la décision, ce bel héroïsme tranquille qui n'a même pas l'air de se connaître lui-même, tant il est simple ; nous te voyons, à présent, dans l'action, l'héroïsme de bonne humeur qui marche toujours de l'avant et qui fait le devoir en chantant, comme dans les légendes.

EDMOND HARAUCOURT,

Journal, 2 décembre.

L'Angleterre a entrepris la guerre du Transvaal comme une affaire ; l'affaire lui coûte déjà cher et ce n'est pas fini. Dans le monde comme en France, le sentiment de révolte contre elle est unanime : toutes les sympathies vont aux

Républiques africaines. Si, ici ou là, les politiciens tâchent de ramener à leur coterie les dispositions favorables de l'opinion, la cause des Boers reste au-dessus et en dehors de la politique une grande cause humaine.

HENRI BAUER,
Journal, 4 novembre.

Nous ne pouvons que faire des vœux pour que la victoire demeure dans le camp de la liberté et de la justice. Mais n'est-il pas attristant et humiliant pour nous, Français, de nous dire que, si nous avions un autre gouvernement, la victoire du droit serait, en Afrique, définitive, et que l'Angleterre subirait en Europe un amoindrissement dont elle ne se relèverait jamais.

E. LEPELLETIER,
Echo de Paris, 7 novembre.

Ces témoignages, rappelés entre beaucoup d'autres, sont précieux à consulter. Jamais la presse n'a été l'interprète le plus fidèle de l'opinion, aussi bien en France qu'à l'étranger.

Cependant, il est peut-être bon de faire remarquer que deux ou trois journaux de Paris appartenant à une presse spéciale prennent visiblement parti pour l'Angleterre, tout en criant bien haut leurs sympathies pour les Boers.

D'après M. Urbain Gohier, ce sont simplement : *toutes les forces de la réaction qui se lancent contre l'Angleterre, foyer de liberté politique, civile, intellectuelle, économique.*

(*Aurore*, 4 décembre.)

D'autre part, M. de Pressensé ayant fait une conférence, soi-disant en faveur des Boers, je découpe dans l'*Aurore* l'extrait suivant du compte rendu de ladite conférence : L'orateur *insiste sur la nécessité de l'entente de la France républicaine et de l'Angleterre progressiste pour le bien de la civilisation* et termine en renouvelant et en confirmant son adhésion aux principes et aux idées du socialisme.

(*Aurore*, 13 décembre.)

Enfin, M. Zola termine ainsi, une conversation qu'il a eue avec un rédacteur du *Morning Post* :

Personnellement, mon plus vif désir a toujours été de voir conclure une alliance entre l'Angleterre et la France.
Nous désirons que l'amitié règne entre les deux pays. C'est le sentiment qu'expriment tous les Français bien élevés.

Je laisse au lecteur le soin de tirer des conclusions de ces différents témoignages.

Politique extérieure française.
Les conséquences de la guerre actuelle.

Dans un article resté célèbre, et qui a été publié dans le *Figaro* du 9 novembre dernier, M. Etienne indiquait nettement quel était le devoir immédiat de notre diplomatie à l'heure actuelle.

Si la France ne peut et ne doit pas intervenir dans ce sanglant conflit, n'a-t-elle pas des intérêts à défendre, des droits à faire respecter? Pourquoi ne pas entamer avec notre puissante voisine une conversation diplomatique, qui sera d'autant plus efficace qu'elle sera plus prompte? L'Angleterre n'a-t-elle pas toujours, depuis vingt ans, usé, abusé des difficultés de notre situation en Europe pour nous arracher des territoires qui nous appartenaient sans conteste, et nous infliger les procédés les plus discourtois? La sécurité de Madagascar ne serait-elle pas menacée par la prise de possession de Delagoa-Bay par l'Angleterre?

N'avons-nous pas, au nord-ouest de l'Afrique et en Asie, à faire prévaloir notre influence?

Je me garderai bien de donner un conseil ou même un avis au chef autorisé de notre diplomatie, mais j'ai le droit de faire connaître à mes concitoyens tout ce que je pense sur ces graves questions, et c'est ce que je viens de faire.

Le prince Henri d'Orléans soutenait la même idée dans un article de *L'Eclair* (6 décembre) :

Au moment où les meillleurs amis de l'Angleterre sont obligés de convenir de l'immensité de son appétit, au moment où les canons du Transvaal inquiètent de leurs échos l'Europe assoupie, on pourrait peut-être songer à reprendre certaine conversation commencée en 1894 à Berlin, entre M. de Caprivi et les délégués français.

Enfin on retrouve les mêmes considérations dans *La Liberté* (3 novembre) :

L'idée de profiter des circonstances actuelles pour se préserver une fois pour toutes des agressions et de la boulimie britannique a germé aussi bien à Pétersbourg, qu'à Paris ou qu'à Berlin.

Et dans *Le Petit Journal* (23 novembre) :

Si l'Angleterre arrive à ses fins, l'empire colonial de la France en Afrique sera le premier à souffrir des nouvelles chicanes de son éternelle inimitié et le mal consacré sera irréparable. Nous regretterons un peu trop tard d'avoir pris notre immobilité pour de l'habileté et notre inertie pour de la prévoyance!

ERNEST JUDET.

A quoi faut-il donc attribuer l'inaction incompréhensible de nos gouvernants?

Faut-il ajouter foi à ce qui a été dit au sujet de l'échec subi au qu d'Orsay par M. de Mouravieff qui venait y proposer une coalition continentale contre l'Angleterre :

> On cache péniblement que le comte Mouravieff aurait éprouvé une déception aussi désagréable qu'inattendue.
>
> Il aurait, en effet, insisté sur une action des puissances continentales dans les régions extra-européennes, en démontrant, par force arguments probants, qu'elle était commandée par les circonstances.

(Echo de Paris, 2 novembre.)

Cette inaction est d'autant plus inexplicable de la part de nos ministres que nous avons de réels intérêts dans l'Afrique du Sud. M. Syveton, s'explique en de fort bons termes, là-dessus, dans l'*Echo de Paris* (3 décembre) :

> Je n'ignore pas que notre empire africain est au Nord-Ouest, en pourtour du Sahara. Mais je pense, avec M. Grosclaude, que la question africaine est un bloc, que nous sommes tenus à une « politique africaine », qu'étant intéressés à l'équilibre africain en général nous le sommes à l'équilibre sud-africain en particulier. Et je pense aussi, avec lui, que nous avons, d'ailleurs, dans l'Afrique méridionale, des « intérêts sur place » et des « intérêts de voisinage ».
>
> *Intérêts financiers.* Quinze cent millions de capitaux français sont engagés dans les mines du Transvaal. L'Angleterre ne saurait donc prétendre régler *seule* la question minière. Elle le prétend cependant. Et le chancelier de l'Échiquier a déclaré à la Chambre des communes que les frais de guerre, les indemnités dues à d'aussi intéressantes victimes que la Chartered, seraient repassés au budget des pays conquis, c'est-à-dire à la mine d'or transvaalienne, c'est-à-dire, pour une part, aux actionnaires français de cette mine. Quelle protestation a été élevée là-bas contre M. Delcassé?
>
> *Intérêts de voisinage.* Il y a d'abord ce fait que l'Afrique du Sud unifiée sous la domination anglaise mettrait en péril notre colonie de Madagascar. Il y a ensuite la question de la baie Delagoa et de son port Lourenço-Marquez, plus particulière, mais non moins importante, d'une importance « qui domine toutes les questions de l'Afrique du Sud et même les questions de l'océan Indien, qui va se répercuter jusqu'en Extrême-Orient ».
>
> Lourenço-Marquez, au fond de la baie Delagoa, est appelé à devenir un des premiers ports du monde « par le rôle militaire et par le rendement commercial ». Il est relié à Prétoria par une ligne de chemin de fer qui constitue la voie de communication la plus rapide du Transvaal à la mer. Il est ainsi le débouché des très riches mines de charbon du Transvaal, et il prend par là une valeur considérable, pour la navigation, sur la route des Indes. Il est aussi la porte par où les denrées de Madagascar, bétail, volailles, œufs, riz, manioc, bois, iront approvisionner l'Afrique du Sud. Il représente donc pour nous un gros élément de la prospérité de Madagascar et un grand facteur de sécurité dans l'océan Indien. Et nous devons veiller plus que personne à ce que l'Angleterre ne l'enlève pas au Portugal pour ruiner notre île et dominer la mer.

Puis, une fois la paix conclue, des conséquences terribles peuvent surgir de cette guerre dont le champ de bataille avait semblé restreint tout d'abord au territoire Sud-Africain.

Est-ce uniquement pour réduire les Boers qu'on y envoie cent dix mille Anglais? Prétoria occupée, la tache d'huile saura se répandre; et quelque matin *le Cap-au-Caire anglo-allemand bousculera nos explorateurs du Tchad, renversera nos sentinelles du Soudan.* A moins de reconnaître, sans contestation, la suprématie de ces rigueurs étrangères, à moins d'essuyer d'autres affronts de Fachoda, l'heure sera venue du conflit. Il faudra que nous soyons bien forts, si nous ne voulons pas renoncer.

On ne semble guère se soucier en haut lieu d'éventualités aussi funestes, qui seront peut-être demain des réalités :

Nous n'avons ni souvenir, ni regret, ni espoir. Notre badauderie s'amuse en silence, aux succès des Boers. Nous regardons, de loin. Nous regardons, sans penser et sans bouger.

L. MUHLFELD,
Gaulois, 15 novembre.

La France de demain, revue dirigée par l'explorateur Bonvalot, prévoit un conflit prochain et fatal entre notre pays et l'Angleterre:

Si l'Angleterre est victorieuse au Transvaal sa crise d'impérialisme ne connaîtra plus de bornes.

Depuis longtemps, elle brûle du désir de donner la mesure de sa flotte autrement que par des revues, si importantes soient-elles.

Et elle nous a choisi, cela est sûr, comme l'adversaire le plus à sa convenance pour ce match éventuel. Si, au contraire, elle est battue par les Boers, le danger serait infiniment plus imminent, car l'Angleterre *ne peut rester sur un échec.*

(15 décembre.)

Dans *L'Action Française,* M Robert de Caix, regrette, pour les mêmes raisons, l'inaction de notre diplomatie:

Il est fâcheux de voir la difficulté de l'Afrique australe écartée du chemin de l'Angleterre, car on peut craindre que l'impérialisme insatiable s'attaque demain à une autre puissance, peut-être même à nous-mêmes.

(1er décembre.)

Cependant, un peuple qui est divisé en factions ne peut songer, en aucune façon, à avoir une politique extérieure quelconque; c'est l'idée que signale, avec tant de justesse, M. A. SAISSY, aux lecteurs du *Journal.* (6 janvier 1900.)

Notre pays de France va-t-il enfin pouvoir écouter ceux qui lui parleront avec bon sens des difficultés qui peuvent naître, pour lui, de la situation générale de l'Europe, des appétits coloniaux de l'Angleterre, de l'énorme concurrence commerciale et industrielle qui est le caractéristique de la fin de ce siècle ?

Enfin, dans le discours qu'il prononça le 11 janvier dernier à l'occasion de sa réélection à la présidence de la Chambre, M. Paul Deschanel réclamait éloquemment l'union de tous les citoyens, afin de rendre possible et efficace l'intervention de notre diplomatie dans les conflits internationaux.

.... L'Europe et le monde se transforment à vue d'œil. Dans les événements qui se préparent, la France doit exercer une action ferme et suivie ; or, comment le pourrait-elle, si elle était absorbée par des querelles intestines ou divertie par une continuelle mobilité.

Boycottage anglais.

Au sujet de l'idée ridicule qu'ont émise certains Anglais de boycotter la France qui n'approuvait pas leur politique sud-africaine, on peut citer ce passage d'un article de M. Gaston Jollivet qui, sous une forme humoristique, envisage la question d'une façon fort judicieuse :

L'Anglais qui s'imagine empêcher l'Anglaise de porter un corset « made in France » et lui-même de s'abreuver de « fizz » ou de claret fait un bien invraisemblable crédit à la puissance des mauvais sentiments entre nations. Il ne faut pas trop demander au jingoïsme. Les fils d'Albion, si peu qu'ils nous aiment, ne nous exècrent certainement pas plus que nous n'avons abominé les Allemands au lendemain de la guerre de 1870. Or, combien de temps a tenu la mâle résolution formée chez nous, après la paix de Francfort, de ne plus acheter quoi que ce soit venant du pays de Bismarck et de Moltke ? Six mois à peine. Et encore, pendant ces six mois, combien de saucisses de Francfort se sont baptisées suisses ! Combien de tonneaux de bière ont été facturés strasbourgeois, qui venaient tout droit de quelque Spatenbrau ou Lœwenbrau bavarois ! Allons-nous pour cela nous voiler la face rétrospectivement ? Mon Dieu non ! Ceux d'entre nous qui ont porté à leurs lèvres peut-être un peu trop vite un verre de johannisberg n'ont fait, après tout, que devancer le geste plus noble qui devait faire claquer tant de paumes de mains françaises les unes contre les autres à la première de *Lohengrin*. Le commerce comme l'art passe par-dessus les poteaux de frontière.

Le Gaulois, 2 novembre.

Après la guerre : Ce que deviendront les Boers.

Les Boers seront peut-être demain les vainqueurs de la lutte cependant inégale qu'ils ont entreprise avec l'Angleterre.

On commence à avoir de bonnes raisons pour le croire.

Forcément un grand changement se fera dans leurs mœurs à la suite de ce résultat inespéré. Personne m'a mieux indiqué que

M. Jules Case, les nouveaux dangers auxquels seraient exposés les Boers vainqueurs.

Quel sera le sort des Boers ?

Vaincus, non secourus contre l'iniquité, ils disparaîtront un à un, famille par famille, exterminés comme le furent les Natchez et tous les peuples sauvages de l'Amérique. Il sera seulement consigné dans l'histoire, à la première page du vingtième siècle, qu'un petit clan de fermiers, de paysans, qui était vertueux et qui vivait hors des lois sanglantes du monde, fut anéanti par la civilisation, parce que celle-ci jugea ce bonheur criminel.

Victorieux, maîtres des champs de bataille et des oppresseurs, alors la lutte n'est pas finie, elle recommence au contraire sous une autre forme.

La civilisation ne voudra pas lâcher sa proie. Elle mettra bas les armes ; de violente, elle se fera douce, éloquente, persuasive. Aux Boers vainqueurs, grandis et étonnés eux-mêmes du bruit dont ils auront rempli le monde, elle se présentera avec ses séductions, ses promesses, les appétits qu'elle éveille, et comme, ne sachant plus où fuir, ils ne pourront se retirer plus loin, hors des atteintes de la provocatrice, ils seront bien forcés de la regarder, de s'habituer à elle, d'en goûter le charme.

Invincibles le mauser en main, ils seront plus aisément vaincus par les sourires de la paix. La civilisation ne les reprendra-t-elle pas tôt ou tard ? A ce mariage tardif, tant de fois refusé, ils apporteraient la fougue, la durée de forces accumulées pendant deux et trois siècles.

Ou bien mettront-ils le comble à notre admiration, nous étonneront-ils par une grandeur d'âme qui n'aurait pas encore eu son égale ?

Ils le peuvent, en demeurant, malgré la gloire, malgré l'or où ils piétinent, malgré toute la machinerie moderne, les simples Boers qu'ils furent depuis tant de générations, civilisés retournés à la nature, peu curieux des secrets qu'elle ne veut pas dire, satisfaits de ce qu'elle leur donne, des femmes courageuses, des enfants robustes, de vastes plaines à l'herbe drue, où paissent des bœufs sans nombre sous des cieux élevés.

Le Gaulois, 1er janvier 1900.

Le président Krüger jugé par Bismarck

A titre de document, nous reproduisons le récit suivant d'une conversation que M. *Octave Uzanne* a eue avec Sir Charles Dilke, et qui montre la perspicacité extraordinaire avec laquelle Bismarck avait deviné le Président de la République Sud-Africaine :

— Krüger, me dit sir Charles, est l'un des hommes les plus extraordinaires de ce siècle. — Je me souviens de la façon émue, admirative et sincère dont le prince de Bismarck m'en parlait, un jour où je plaçais celui-ci au premier rang des diplomates du dix-neuvième siècle.

« Ah ! me disait le prince, le premier... ne croyez pas ça ; d'abord Cavour fut sans doute plus fin, plus subtil, mieux doué diplomatiquement que je ne le suis ; puis il y a un homme plus fort, plus haut, plus rusé que Cavour et que moi-même. *C'est le Président Krüger* ; celui-ci n'a pas comme moi une armée puissante derrière lui, un empire formidable pour le soutenir ; il est seul avec un petit peuple d'agriculteurs soldats et, par son seul génie, il saurait nous en remontrer à nous tous ; j'ai eu des entretiens avec lui, affirmait Bismarck, *il m'a confondu !* »

Echo de Paris, 15 décembre.

BIBLIOGRAPHIE

Voici les principaux ouvrages et brochures parus récemment sur l'Afrique du Sud :

Autour des Mines d'or du Transvaal. — Boers et Anglais, par Edgar Roels. — Typ. Hennuyer, 1898.

Une Politique européenne. —. La France, la Russie, l'Allemagne et la Guerre au Transvaal, par Étienne Grosclaude. — Flammarion 1899.

Le Transvaal et l'Angleterre en Afrique du Sud, par Georges Aubert. — Flammarion 1899.

La Question Sud-Africaine, par Edgar Roels, 1899.

Pourquoi l'on part au Transvaal

Nous avons reçu plus de 4,000 demandes d'engagement émanant de jeunes gens qui demandent à partir comme volontaires au Transvaal. Le dossier qu'elles constituent est des plus instructifs, chacun expliquant les raisons particulières qui l'engagent à combattre aux côtés des républicains sud-africains.

L'Est Républicain a publié jadis une série de ces lettres.

A l'idée de combattre pour le Droit, aux côtés d'un peuple héroïque, se joint souvent le désir, chez les volontaires, de venger les derniers affronts faits à notre pays. Témoin, ce long et curieux extrait d'une des dernières lettres reçues :

.... Les Boers! le Transvaal! Deux noms qui, il y a à peine un an, n'éveillaient dans l'esprit de ceux qui vont partir qu'une vague idée; l'idée d'un pays situé à l'extrémité sud de l'Afrique, près de la colonie du Cap, où seuls les financiers et les aventuriers chercheurs d'or pouvaient avoir à faire. Voilà ces noms devenus les emblèmes presque sacrés d'une espérance, et pourquoi?

Tout à coup, lentement accréditée, une nouvelle se répandit... Les affaires se brouillaient entre la Grande-Bretagne et les Boers. Ces paysans, perdus dans les montagnes africaines, allaient faire ce que nous n'avions pas osé! Le président Krüger refusait de répondre a l'ultimatum envoyé par le ministère Chamberlain.

Ce fut le signal de l'espoir.

Les yeux inquiets se sont tournés vers le ministère si sali déjà! Nous avions pourtant pensé que devant l'Europe, il comprendrait qu'il fallait lever la tête! Nos capitulations récentes sont malheureusement ineffaçables; la question de Terre-Neuve est encore pendante, et celle du Siam n'est pas résolue; c'était le moment d'agir! Vain espoir, ces gens-là ne savent qu'organiser des « comités de salut public » et n'ont ni le goût ni le loisir de s'occuper de politique extérieure.

Alors un souffle s'est levé et a parcouru notre pays. Des cœurs ont battu à l'unisson, fouettés par une voix qui venait d'outre-tombe; une voix qui semblait renaître de près de cinq siècles, qui criait aux gens de cœur jeunes ou vieux : « Debout, France! et sus à l'Anglais! » Des volontaires se lèvent, prennent les armes! Il coule encore dans leurs veines du sang de ceux qui ont combattu sous Duguesclin, du sang de ceux qui ont défendu la bannière de Jeanne d'Arc, et l'ont menée victorieuse à la délivrance d'Orléans. A quelque classe de la société qu'ils appartiennent, ce sont de vrais Français qui quittent le sol natal, écœurés de le voir envahi par les cosmopolites enrichis et naturalisés.

Soyez tranquilles, ils partent gaiement avec l'idée du devoir. Quand ils combattront là-bas, ce sera sous les plis tricolores de notre drapeau, qui a subi Fashoda, hélas ! ce sera, enfin, sous l'étendard des haines nationales lentement accumulées, qui vont pouvoir s'assouvir sur les champs de bataille de l'Afrique australe.

UN PARISIEN.

MEMBRES ADHÉRENTS

DU

COMITÉ D'ACTION

Sont membres adhérents :

Ceux qui ayant envoyé au Comité leur souscription — quelqu'en soit l'importance d'ailleurs — manifestent le désir de faciliter son action, en organisant des souscriptions, conférences, etc.

Le Comité reçoit et sollicite également l'adhésion des Sociétés et Associations locales. Ces Sociétés, savantes, commerciales, d'anciens militaires et marins, peuvent singulièrement aider le Comité dans sa tâche en faisant une propagande active dans la sphère de leur influence.

COMITÉ DU TRANSVAAL

13, rue de l'Ancienne-Comédie, 13

PRÉSIDENT D'HONNEUR :

M. Georges BERRY, député de Paris, 13, rue Laffitte.

MEMBRES D'HONNEUR :

MM. les Députés : DE MAHY, 23, rue de Bourgogne.
Julien GOUJON, 26, rue de la Faisanderie.
Général JACQUEY, 37, avenue Duquesne.
PRACHE, 149, boulevard Saint-Germain.
GERVAIZE, 180, rue Lafayette.
FERRETTE, 33, rue Claude-Bernard.

BULLETIN DE SOUSCRIPTION

Inscrire les noms des Souscripteurs, la somme versée, et renvoyer ce bulletin à un des Membres d'honneur ou au Comité.

NOMS	ADRESSES	SOMMES VERSÉES
		A reporter :

NOMS	ADRESSES	SOMMES VERSÉES
		Report :
		TOTAL.

238

COMITÉ du TRANSVAAL,

13, rue de l'Ancienne-Comédie, PARIS.

-:-:-:-:-

PARIS, le 8 février 1900.

Monsieur

Nous avons l'honneur de vous faire tenir ci-joint une brochure résumant l'action que nous avons entreprise après l'agression inique de l'Angleterre au Transvaal.

Le monde civilisé tout entier s'est ému de cette guerre.

Entre tous, le Parlement des États-Unis d'Amérique a donné un grand exemple lorsque la majorité de ses membres s'est présentée devant le Président Mac Kinley, pour lui demander de prendre l'initiative d'un arbitrage qui mettrait fin à cette lutte inégale.

Les Chambres françaises ont saisi avec empressement les diverses occasions qui leur étaient offertes de manifester leur admiration pour l'héroïsme des Boers.

Il s'agit aujourd'hui d'élargir ce mouvement d'opinion et d'entamer dans notre généreux pays une campagne de protestation.

Vous pouvez y aider, Monsieur, si, après avoir pris connaissance de notre brochure, vous voulez bien la communiquer à vos proches.

Cependant, non contents d'étendre ce mouvement d'opinion, nous avons tenu aussi à favoriser le départ au Transvaal des volontaires français qui désireraient prendre part à la lutte engagée contre l'Angleterre par les héroïques Républiques Sud-Africaines, et c'est pourquoi nous avons ouvert une souscription en leur faveur.

Dans l'espoir que vous voudrez bien vous intéresser à notre action, nous vous prions, Monsieur, d'agréer l'expression de nos meilleurs sentiments.

<table>
<tr><td>Le Président d'Honneur:
Georges BERRY,
Député de Paris.</td><td>Le Président
du Comité:
LANDRY.</td></tr>
</table>

OPINION:

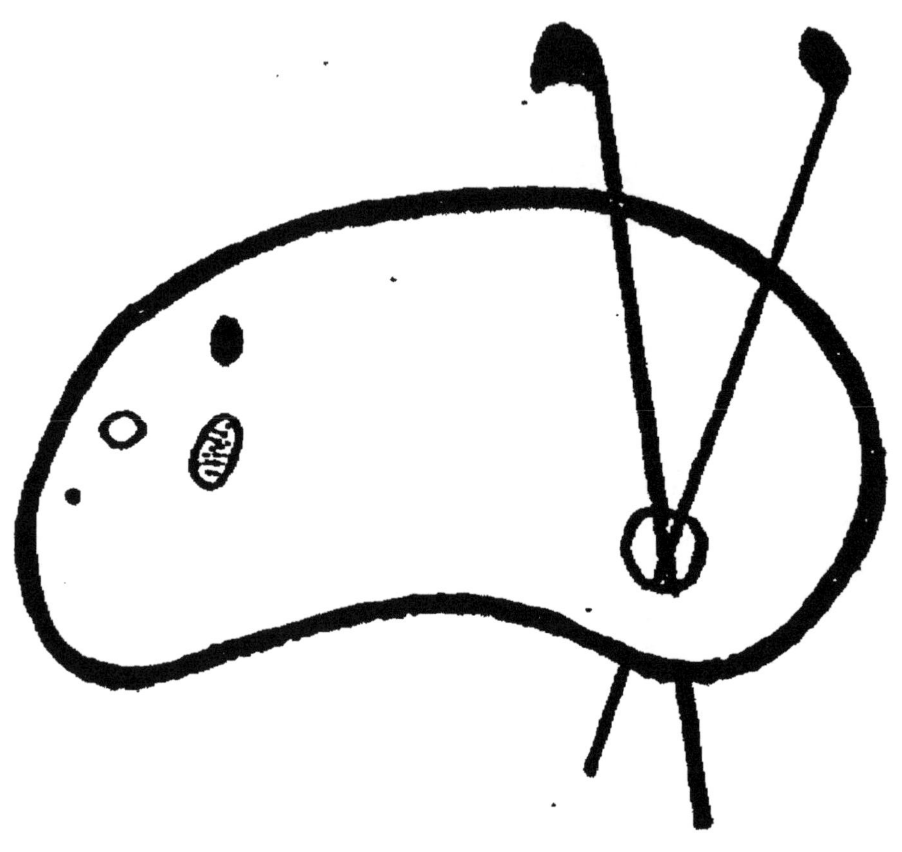

NRI

9 782014 439571